Carlo Menzinger di Preussenthal

# RIMANDO RIDO

copyleft

ISBN 978-1-291-63663-5
90000
9 781291 636635

BY NC ND

## COPYRIGHT E COPYLEFT

**AVVISO IMPORTANTE**

Nonostante il particolare regime di copyright di questo libro ti consenta di riprodurlo liberamente e di trasmetterne copie a chi vuoi, purché gratuitamente e privatamente, considera l'ipotesi di acquistarne una copia originale.
Avresti così un oggetto più gradevole e maneggevole e contemporaneamente sosterresti questo tipo di iniziativa.
Il volume cartaceo è prodotto da Lulu e può essere acquistato sul sito http://www.lulu.com/it
o ai recapiti indicati sul sito dell'autore
www.menzinger.too.it
(vedi in particolare la pagina:
http://sites.google.com/site/carlomenzinger/home-1/home/il-terzultimo-pianeta),
dove è anche possibile trovare i riferimenti per scaricare l'e-book o leggere il volume on-line.
Altre opere di Carlo Menzinger le puoi trovare nel suo sito www.menzinger.too.it. La maggior parte è edita da Liberodiscrivere (www.liberodiscrivere.it) e può essere ordinata in qualunque libreria.

ISBN 978-1-291-63663-5

## INTRODUZIONE

Questo è il sesto e ultimo dei volumetti in cui sto raccogliendo alcuni versi scritti negli ultimi trent'anni, dalla fine del Liceo a oggi, ovvero tra il 1983 e il 2013.
La possibilità di auto-pubblicarmi e di realizzare da solo degli e-book mi ha convinto a darli alle stampe dopo vari anni che evitavo di pubblicare poesie (l'ultima raccolta prima di queste è "Viaggio intorno allo specchio", pubblicata nel 1989 da Gabrieli).
Ho deciso di dividere il più possibile i versi in base all'argomento, sebbene questo sia un criterio impreciso e molti di questi avrebbero potuto collocarsi in raccolte diverse da quelle in cui le ho inserite.
Questo volume ("Rimando rido") riunisce limerick (tipici versi scherzosi di origine inglese), brindisi, filastrocche e vari altri divertissement.

I volumi già pubblicati sono:

1. "Il Terzultimo Pianeta" (pubblicato il 24 marzo 2013): un pianeta morente, l'uomo come un virus, dalla Genesi all'Apocalisse, in versi ora rabbiosi ora ironici che parlano di vita, morte e illusione di Dio.
2. "Rossi di sangue sono dell'uomo l'alba e il tramonto" (pubblicato il 19 maggio 2013): raccolta di haiku, componimenti brevi, in stile giapponese. Nell'immediatezza dell'attimo la profonda percezione della vita.
3. "Schiavi Part-Time" (pubblicato il 31 agosto 2013): il nostro tempo, con le sue storture e prevaricazioni. Viviamo tutti come schiavi part-time e il tempo non ci appartiene.
4. "Spada di inchiostro" (pubblicato il 30 settembre 2013): la scrittura, i libri e chi li scrive e alcuni versi autobiografici. Il Poeta Pallido spara gocce d'inchiostro. Il Cavaliere del vento assalta il mondo decadente e guida l'esercito degli Scrittori Emergenti.
5. "Sangue blues" (pubblicato il 4 novembre 2013): l'amore e tutti gli altri sentimenti. Nel volume incontriamo numerosi personaggi come la Bambina Senza Blues, la Donna Senza

Sembianza e Aspetto, la Ragazza Nella Mano, Narciso, la Scimmia Antica, l'Uomo delle Scatole e il Dio Bambino.

Ancora una volta ho scelto la formula del copyleft:: un volume cartaceo da vendere a chi lo voglia, ma accompagnato da un e-book gratuito che sarà possibile scaricare senza spesa alcuna dal mio sito www.menzinger.too.it.

*Firenze, 16/11/2013*

Carlo Menzinger di Preussenthal

# RIMANDO RIDO

# LIMERICK O QUASI

*Limerick, che in gaelico vuol dire "palude deserta, è una città irlandese. Qui, però, non parleremo della città bensì dell'omonimo componimento in poesia.*
*Per quanto i limerick possano sembrare testi semplici e banali, seguono precise regole (sovente violante dagli autori, me compreso).*
*Il contenuto, fondamentalmente privo di senso (ma come non dargliene almeno un po'?), dovrebbe essere umoristico o scapigliato, con l'intento se non di far ridere (ardua impresa per una poesia letta su carta, altra cosa magari se fosse recitata adeguatamente) quantomeno di suscitare un lieve moto della bocca del lettore verso il sorriso. È possibile che siano nati da una qualche forma di brindisi.*
*Di regola un limerick è composto di cinque versi, di cui i primi due e l'ultimo, rimati tra loro, contengono tre piedi e dunque tre accenti, il terzo e il quarto, a loro volta rimati tra loro, ne contengono solo due. Le rime seguono dunque lo schema AABBA.*
*Il primo verso di solito nomina il protagonista, un aggettivo per lui qualificante e il luogo geografico dove si svolge l'azione o da cui costui proviene, mentre i restanti versi sintetizzeranno l'aneddoto. Nell'ultimo verso si cita di nuovo il protagonista, magari definendolo meglio.*
*Di seguito troverete alcuni tentativi di limerick. Spesso le sue regole sono solo parzialmente seguite e spero mi vorrete perdonare.*
*Ci sono, inoltre, alcuni versi omovocalici (in cui cioè utilizzo una sola vocale per tutta la poesia) o altri che utilizzano solo parole che iniziano per la stessa lettera.*

## LA DAMA DI CORCHIANO

Ognun ammira la Dam di Corchiano
Con quel cappello rosso tanto strano.
Quand'appare alla festa
E il volto scopre lesta
Ognun la sogna, la Dam di Corchiano.

*Firenze, 06/05/2007*

*NOTA: Ispirato a un dipinto di Claudio Giulianelli*

## IL PRESIDENTE DI MILANO

C'era un tal pelato di Milano
Che si credeva d'ogni italiano
Esser lui il Presidente
Però era un delinquente
Questo tal molto strano di Milano

*Firenze, 04/03/2003*

## IL BANCARIO DI SIENA

Era un piccolo bancar di Siena
Ch'aveva del poeta un po' la vena
Poi un dì disse "son vate
Tutti voi or m'ammirate"
Questo bancar ignotissim di Siena

*Firenze, 04/03/2003*

## IL CANTANTE DI SANREMO

C'era un tale giunto da Sanremo
Che se cantava mi pareva scemo
Un mattin con un acuto
Restò lì bello e muto
Questo cantante scemo di Sanremo

*Firenze, 06/03/2003*

## IL POETA DI LIMERICK

Da Limerick è arrivato ieri
Un poeta che scrive bei versi veri
E con un click nella rete
Invia fantasie segrete
Celati da un nick ha i pensieri

*Firenze, 06/03/2003*

## LA CIABATTA DI REGGIO

Quale ciabatta brutta vidi a Reggio
Dar un dì un bacio a un bel paggio
Che mutò in rospo nero
E fuggì per il sentiero
Da tal ciabatta bruttissim di Reggio.

*Firenze, 13/03/2003*

## RATTO RATTO DI RATTO

*(quasi Limerick)*

Ratto il gatto fe' ratto di ratto
Ritto e sul retto eretto fe' un rutto
Ratificando del ratto
Il ratto ratto or fatto:
Ratto fu il gatto nel ratto di ratto.

*Firenze, 13/03/2003*

## IL COCCHIO DEL VECCHIO DI VICCHIO

C'era un vecchio nel paesin di Vicchio
Che andava in cocchio a far radicchio
Un bel secchio ne raccolse
Che mangiò con mille salse
Quel buffo vecchio del paesin di Vicchio.

*Firenze, 15/03/2003*

## IL COCCODRILLO DI RAVELLO

C'era un coccodrillo di Ravello
Che col fratello stava nel tinello
Se il fratello suo mangiava
Assai triste diventava
Quel verde coccodrillo di Ravello.

*Firenze, 15/03/2003*

## IL BRIGANTE POLITICANTE D'ASPROMONTE

Conobbi un brigante in Aspromonte
Che come gioco rapinava gente
Arrestato fu famoso
E or in Giunta è assiso
Quel tal politico dell'Aspromonte.

*Firenze, 15/03/2003*

## MARA AVARA DI ZARA

*(Limerick omovocalico in A)*

Stava a Zara Mara gran avara
Ch'amava la banana ma amara
Ma la mala la sparava
Alla Mara avara slava
Ch'a Zar cantava da campana rara

*Firenze, 16/03/2003*

## LELE TENENTE LECCESE

*(Limerick omovocalico in E)*

Celere Lele, bel tenente leccese
Sette renette belle fresche prese
Lesse tre melette fece
E tre pere nere pece
Fetente quel bel tenente del leccese.

*Firenze, 16/03/2003*

## BRINDISI DI MILITI TRISTI DI RIMINI

*(Limerick omovocalico in I)*

Di Rimini i militi tristi
Rividi: grigissimi cristi.
Indi gli dissi
"Cin Cin: si fissi
il brindisi di vini misti"

*Firenze, 17/03/03*

## COMO CON ORO HO CORROTTO

*(Limerick omovocalico in O)*

Orco sono molto grosso
Non son omo o molosso
Ogn'osso rompo
O fosso zompo:
Como non con oro ho scosso!

*Firenze, 16/03/2003*

## TU, LULÙ, UN GURU ZULÙ?

*(Limerick omovocalico in U)*

Tu un guru zulù?
Sul tutù blu: pupù!
Uh, uh
Uh, uh
Lulù guru zulù!

*Firenze, 17/03/2003*

## POVERO PAOLO POETINO PAVESE

*(Limerick in P)*

Povero Paolo poetino pavese
Poche parole per Pierina prese
Però preghiere parecchie
Perché proporle pacchie
Pensava Paolo poetino pavese.

*Firenze, 13/03/2003*

## LIMANDO LIMERICK A LIMA

Un limitato luminar di Lima
Limando stava limerick in rima
Quando nella limonata
Affogò la sua giornata
Quel limitato luminar di Lima.

*Firenze, 15/03/2003*

## D'EUROPA IL FIGLIO

*(quasi Limerick)*

D'Europa sono il figlio
nipote e pur scompiglio -
madre non nata
e sconsolata -
Sono io sol un abbaglio?

*Firenze, 26/10/2002*

## PICCOL POETIN PIUMATO

*(quasi Limerick)*

Da internet arrivato
Piccol poetino piumato
Canta del cuore
E dell'amore
E nessun l'ha apprezzato.

*Firenze, 26/10/2002*

## A FIRENZE

*(quasi Limerick)*

A Roma io sono nato
A Firenz son capitato
Sia per dovere
Sia per amore
Per lustri ci son restato.

*Firenze, 26/10/2002*

## IL MINISTRO SPECIALE
*(quasi Limerick)*

Da Bergam vien gutturale
Parlando rozzo e male
Contro terroni
E vil negroni
Ministro or è Speciale

*Firenze, 26/10/2002*

## PRESIDENTE O GALEOTTO
*(quasi Limerick)*

Da Milan è proveniente
e vuol far il Presidente
più che il galeotto
il signorotto
pelato e sorridente.

*Firenze, 26/10/2002*

## IL RE DELO SCHERMO

*(quasi Limerick)*

Era il re dello schermo
Un dì decise "or m'armo,
la gent'incanto -
mi fingo santo -
e la giustizia disarmo"

*Firenze, 26/10/2002*

## BRINDISI

### PERLAGE LIEVE

*(da leggere dal basso in alto)*

| | | | | |
|---|---|---|---|---|
| 40 | | | | di vino |
| 39 | | | di sogni | |
| 38 | | perlage | | |
| 37 | Io | | | |
| 36 | | | | divina |
| 35 | | | ambrosia | |
| 34 | | frizzante | | |
| 33 | Tu | | | |
| 32 | | | | vortichiamo |
| 31 | | | spumeggiando | |
| 30 | | ed io | | |
| 29 | Tu | | | |
| 28 | | | | ferito |
| 27 | | | di tramonto | |
| 26 | | cielo | | |
| 25 | In questo | | | |
| 24 | | | | colme |
| 23 | | | di nubi | |
| 22 | | denso cielo | | |
| 21 | In questo | | | |
| 20 | | | | fluttuante |
| 19 | | | ebbrezza | |
| 18 | | gassosa | | |
| 17 | Ed io sono | | | |
| 16 | | | | la mia notte |
| 15 | | | che accende | |
| 14 | | la luce | | |
| 13 | Sei tu | | | |

| | | | | |
|---|---|---|---|---|
| 12 | | | | al battito d'ali |
| 11 | | | che dà vita | |
| 10 | | il soffio | | |
| 9 | Sei tu | | | |
| 8 | | | | nel buio |
| 7 | | | come aria | |
| 6 | | lieve | | |
| 5 | Una goccia | | | |
| 4 | | | | oscuri |
| 3 | | | dagli abissi | |
| 2 | | il mio cuore | | |
| 1 | Risale | | | |

*Firenze, 14/06/2007*

## BUON COMPLEANNO

Quanti son gli anni tuoi
Dirlo non saprei
Non tanto perché tanti
Ma perché mai dici quanti

Oggi dunque ne compi un poco
Non son quaranta
E non son un gioco
Anche se ne pari un po' sconvolta

Ma non devi far la faccia torta:
Hai una bimba che ti ama
un marito che tutto sopporta (!)
e c'è chi per te d'invidia trema

Girata l'Italia se non il mondo
Or riposi nella tua Firenze
E riposti i panni del vagabondo
Ancor volteggi nelle danze

Vorresti una villa d'oro e d'argento
Vorresti un castello brillante
Come stella del firmamento
Come immenso diamante

Vorresti la luna
Vorresti il destino nelle mani
Di queste cose nessuna
Posso darti né oggi né domani

Spero allor che t'accontenti
Di un mio bacio e del mio affetto

Degli occhi sorridenti
Di una bimba sul tuo petto.

*Firenze, 11/07/2002*

## PARAPIGLIA IN FAMIGLIA

Nonostante
i nostri litigi
Nonostante
indifferenti meriggi
Nonostante
Le continue lotte per il tempo
Nonostante
Il nostro cercar l'uno dall'altro scampo

Posso dire
Che t'amo ancora
Posso dire
Che sei del cuor la signora
Posso dire
Che il mio domani hai in mano
Posso dire
Che i miei momenti non son scors'invano

Un'altra fanciulla però ho nel cuore
E io l'amo
Grandi son sua bontà e candore
E io l'amo
Con me è assai gentile
E io l'amo
La mia mano vuole
E io l'amo

Vorresti saper chi è, come si chiama?
Questo credo
Vuoi saper tu chi è che mi ama?
Questo credo
È una fanciulla dolce

Questo credo
E il cuor mi molce
Questo credo

Son pochi gli anni suoi, assai men dei miei
Questa bimba
Già un poco ti somiglia, direi
Questa bimba
Forse perché è tua figlia
Questa bimba
E è pur mia figlia
Questa bimba

*Firenze, 08/07/2002*

## CIN CIN

Cin cin!
Brindiamo a chi brinda,
brindiamo alla luna,
brindiamo al domani,
brindiamo all'oggi,
scagliamo i nostri bicchieri per aria,
sparandogli contro con i nostri mitra da taschino,
facciamone frantumi di piccole stelle.
Brindiamo alle stelle.
Spariamo ai bicchieri in volo
e non importa se colpiamo un bambino sull'altalena,
una vecchina alla finestra,
un colombo in volo o un sogno perduto.
Brindiamo con i calici colmi di sangue.
Facciamoli tintinnare sulle vostre tombe.
Danziamo con Dracula e gli altri vampiri.
Prosit!

*Firenze, 20/11/2001*

## SOGNO DI LUNA

Libiamo alla luna e sogniamo.
Sogniamo a colori.
Lasciamo al pianoforte
e alla sua arte
il bianco e il nero
ché ne faccia davvero
magici accordi.
E nei nostri sogni rifulgenti
non dimentichiamo
di esser presenti
o nei nostri ricordi
almeno.
Viver la nostra vita
senza noi stessi
mi pare adesso delitto mortale.
In questa notte
radiosa
alzo allora il boccale
ricolmo d'ambrosia
a mia sorella la luna
e canto
la luce di quest'ora
tra il tramonto e l'aurora.

*Firenze, 12/03/2001*

## LAMBRUSCO

Sangue spumoso di drago
Frizzante eruzione sanguigna
Onde nel calice lieve
Nel bacchico graal
Nel concavo vetro
Di cristallina trasparenza
Io bevo
E nelle vene mi scorre
Euforia di sogni
Fragore di fantasie
Esultanza di vita.

*Firenze, 22/10/2007*

# DIVERTISSEMENTS

## QUASIMODO

Son bello e sono forte
Sono molto affascinante
Son grande come un gigante
Di donne e di fanciulle ho una corte
Sono ricco e importante
Si lo sono
Sono il miglior lustracessi
Del fastfood dove lavoro
Non c'è nessuno
Che mi sorpassi
Son medaglia d'oro
Peccato solamente
Per questa gobba imponente
Per il metro e trentotto
Per la faccia che ho da matto.
Altrimenti, ne son convinto
Sarei il miglior del firmamento.

*Firenze, 10/03/2001*

## A LUME DI CANDELA

Stiam a lume di candela
Tu ed io qui a cenare
La mia bocca la tua anela
E mi sporgo per baciare
E un gran calore sento
Che or mi fa avvampare
E il mio grido è pianto:
la candel mi fa bruciare!

*Firenze, 26/03/04*

## SOLI

Soli. Oltre che noi nulla
Nella notte pien di stelle
Che di calma si trastulla
Mentre dormon le farfalle
E tu non vuoi ripartire,
maledetto di un motore!

*Firenze, 24/03/2004*

## OVUNQUE

Siet' ovunque attorn'a me
Vi ritrovo mentre mangio
Vi ritrovo dentr'al bidet
E riempit' il pomeriggio
Ma con uno spray v'anniento,
formichin, in un momento.

*Firenze, 24/03/2004*

## TEMPUS FUGIT

Non è il mio, il tuo tempo
I secondi ti fuggon via
Il tuo cuor batte in un lampo
Più non trovo la tua armonia:
domani ti devo portare
da un buon orologiaio
che ti sappia riparare
che così sei un troiaio!

*Firenze, 23/03/2004*

## CALORE

Mi avvolgi con calore
La mia pelle morbida tu
Accarezzi di tepore
Se su di me ti tiro su
Verso un'alba risorta
Cara dolce mia…coperta.

*Firenze, 24/03/2004*

## REFRIGERIO

Nell'arsura del mio petto
Tra i fumi dei pensieri
Ho cercato con affetto
In te nuovi refrigeri
Ma mai sognai nel mio cuore
Prim tal condizionatore!

*Firenze, 23/03/2004*

## ANIMA IN OUTSOURCING

Per ottimizzare
Mi voglio concentrare
Sul mio core business
Sul mio core business personale
Ho deciso
Pertanto ho deciso
Che in outsourcing
L'anima mia darò
A chi ne faccia uso assai preciso
E sul corpo così mi concentrerò
Per ottimizzare
L'uso che ne posso fare.
Per andare più lontano
Con un tipo indostano
Una joint venture ho concluso:
Io il piede sinistro
Lui il piede destro
Per comune uso
Abbiamo conferito
E poiché ne avevo venti
D'ogni mano e d'ogni piede un dito
Ho ceduto in contanti
Di capelli poi ne avevo parecchi
E a un calvo ne ho venduti due secchi
In cambio di una goldenshare sui suoi peli
Ammirando il wireless mi son convinto
La mia testa a depositare
In una banca delle menti sotto vuoto spinto
E quando voglio mi collego
Persino con l'infrarosso
O con ISDN se posso.

*Firenze, 11/05/2003*

## PSEUDO-HAIKU

### MONTI

Rimonta Monti
Con i Bond di Tremonti
Del Monte l'ammontare.

*Firenze, 25/01/2013*

### USA

Adorna di Kitsch
L'America un po' freak
S'immagina chic

*Firenze, 27/08/2010*

### PIOVE, GOVERNO LADRO

Maggio di pioggia
E l'Italia affonda:
Governo ladro

*Firenze, 19/05/13*

# PALINDROMI E REWIND

## CASA

Attesacasetta

*Firenze, 29/01/2002*

## REWIND LATINUM

Reveni, revidi, revici.

*Firenze, 29/01/2002*

## REWIND

Amaeama

*Firenze, 29/01/2002*

# LEGGENDE E ALTRE STORIE

## MYSELF, AMERICA AND EUROPE

You celebrate yourself, and sing yourself,
Walt Whitman, a kosmos, of Manhattan the son,
Turbulent, fleshy, sensual, eating, drinking and breeding
Io celebro me stesso e canto me stesso
Carlo Menzinger, un Cosmo, d'Europa figlio
Partorito dal cuore dell'Impero,
Sfamato dal Medioevo eterno
Alloggiato nel Rinascimento pulsante.
Figlio dell'Italia, della Svizzera,
dell'Inghilterra, dell'Austria, della Scozia,
dell'Alsazia e dei remoti Normanni.
Ma quando guardo te
Seduto al pian terreno
delle tue torri distrutte
piangente e tonante di vendetta repressa
non posso ridere
non posso piangere
Quando guardo te
Padrone novello del mondo
Piccolo colossale parvenu
Che crede di dominare
Esprimere
Essere
Il mondo
Allora vorrei ridere
Allora vorrei piangere.
Quando sento gli scoppi delle tue parole
Quando sento le marcette holliwoodiane
Quando sento le fanfare spettacolari

L'esplosione delle paillettes
Il turbinio dei cotilons
Il fragore dell'avanspettacolo globale
Allora rido
Allora piango
E mentre rido piango
E mentre piango rido.
E mi sono scordato di cantare
Di me.

Dunque dicevo…

Walt Whitman, a kosmos, of Manhattan the son,
Turbulent, fleshy, sensual, eating, drinking and breeding
Carlo Menzinger, un Cosmo, d'Europa figlio
Tranquillo, razionale, ponderato,
che mangia il giusto, che beve poco e una volta procreò.
Dalle rive del Tevere generato,
Nutrito dai colli senesi,
Dal letto dell'Arno,
Dal cuore dell'Impero partorito,
Sfamato dal Medioevo eterno
Nel Rinascimento pulsante alloggiato.
Da Carlo Magno discendente,
da Federico Barbarossa e da Tommaso d'Aquino,
Figlio dell'Italia, della Svizzera,
dell'Inghilterra, dell'Austria, della Scozia,
dell'Alsazia e dei remoti Normanni.
Europeo. Europeo fino alle ossa degli avi.
Europeo come nessun americano può esser Americano.
Europeo se a fondo scavi
Europeo più che italiano
Più che romano
Più che fiorentino

Più che occidentale.
Nacquero in Roma mia madre e mio padre
Mia zia a Berlino, a Perugia mio zio e mio nonno,
Mio zio ad Atene, mia zia a Madrid
Mia nonna a Manchester, a Napoli mio nonno
Mia sorella a New York
E anche mio cugino
E non è una metafora del mondo
Ma una condizione esistenziale
Di chi è nei secoli vagabondo
Nei corridoi di casa
Una casa che è più che una patria
La casa delle cento patrie
Una casa antica
Senza pace
Dove ciascuno parla la sua lingua
Dove si litiga da sempre
Dove ci si strappa il pane di mano
Dove ci si sbeffeggia e invidia
Una casa dove in molti vorrebbero entrare
Una casa ricca ma cadente
La casa dell'Occidente
La casa della Storia
La casa Europa.
La nostra casa.

*Firenze, 23/09/2002*

## IL MARCHESE E LA MASCA

Viveva nella rocca il Marchese
a Castiglion  Falletto. Abitava
d'Incisa il Marchese tra le viti
di nebbia dolci e sì odorose
e spesso nei campi da sol andava
pensando nel rimirar i suoi siti.

Un dì tra l'erba e l'oscur cespuglio,
nel soffiar lieve del grecal d'autunno,
nei pressi delle vigne di nebbiolo
andava  e stava lì con cipiglio
il Marchese a studiar il frutto d'anno
quando udì d'ali il veloce volo.

Girò il giovan volto a quel suono
ma nulla vide l'occhio suo marrone
se non cespugli, fronde e aer vuota.
Preso allor tranquillo il cammino,
in breve gli parve che un biscione
sfuggisse via nella fangosa mota.

Da poco della terra era duce,
essendo il padre morto in battaglia,
ma non per questo orbo di coraggio
era il giovane. Assunse truce
aria però per quel stran parapiglia,
che al suo cuor facea così oltraggio.

Pareano quei moti innaturali
essere, pur essen così comuni.
Giunto che fu all'acque del ruscello
si chinò e con le mani due boccali

raccolse e ne bevve ginocchioni
ma l'acqua tosto fece mulinello.

Con inatteso guizzo l'acqua esplose
in improvvisa fontan d'alti schizzi.
Saltò indietro il Marché d'Incisa,
tanto lui di tal scherzo si sorprese,
con i vestiti pregni degli spruzzi.
Ma non dovea finir lì la sorpresa.

Stupendo volto di fanciulla scorse
poi in quell'acqua ritornata quieta
e non sapeva se fuggir o darle
magari un saluto. Dunque porse,
assai incerto, alla pel di seta
il suo sorriso. Lei gli rese perle.

Perle i suoi denti, bocciol di rosa
le sue carnose labbra infuocate.
Sorse allora tutta da quel corso
nuda e magica, così radiosa
che superava in beltà le fate:
voluttà in lui vinse il rimorso.

Scosse allor i lunghi bei capelli
nello scrollarsi l'acqua via di dosso
ed il Marchese ne restò bagnato
nel corpo e fece pensieri folli
che tutto lo lasciaron dentro scosso
tanto quel corpo parea agognato.

Ella uscì allor dal rio Garzello
qual statua greca di perfetta ninfa
e s'accostò al Signor del Barolo

con la certezza di chi si sa bello
e dalle labbra donò la sua linfa
a quelle di lui… che partì in volo.

Gli occhi di fiume suoi ella pose
dentro gli occhi del Signor di terra
ed egli il corpo suo sì robusto
tra le di lei braccia così setose
infisse e fecero poi Gomorra
e del piacer osaron ogni gusto.

Quando l'union dei corpi fu ben piena,
la donna si mutò in vecchia cupa,
la pelle pura fu corteccia dura,
il bel sorriso smorfia fu oscena
e l'amor fu ferocia poi di lupa
e il Marchese prese pure paura.

"Chi sei?" allor le chiese il ragazzo.
"Non vedi che son una masca?" disse
"Son del nebbiolo strega e disdetta
per te sarò ma qui non cess'il lazzo.
Un figlio tuo avrò e tu percosse
e morte da lui avrai maledetta".

"Rogo t'attende, strega, nulla d'altro.
Mio figlio non terrai né or né giammai".
"Prova allor a bruciar l'acqua, se puoi"
rispose la masca e con far scaltro
in rivo si mutò dicen "non m'avrai"
…e il marchese ripiegò ai frantoi.

A lungo egli ripensò la masca.
A lungo il sonno suo fu inquieto.

Passaron vent'anni così per tutti.
Sei figli ebbe il Marché Alberto
Tre li portò via morte, come suole.
Due eran donne quasi. Il maggiore
era un uomo già, di vin esperto.
Assai amava egli la sua prole,
fonte di gioia ma pur di dolore.

In un mattino di nebbios'autunno
il figlio del Marchese al rio scese
e volto di donna nel acqua vide,
liquida forma nata dall'inganno,
per il destino del patern Marchese
ma sparì quando mosse il suo piede.

Udì appresso un frusciar nell'erba
e pensò a moto di serpe lesta.
Inquieto, fece di tornar ai tini
a rimirar, nel fragror della torba,
tra gli effluvi dolci d'uva pesta,
la superficie di quei rossi vini.

Ecco allor che ancor gli apparve
fatato quel volto che vide nel rio
però non chiaro d'acque ma ben rosso.
Ed or la faccia ancor non scomparve
ma donna da confonder l'uomo più pio
emerse e tutta gli fu addosso.

Ella apparve nuda fin in vita,
immersa nel buon vino saporoso.
Il figlio del Marchese fu attratto
da quella donna di beltà fiorita
dentro al tin in ampless'amoroso,

finché la morte lui non ebbe sfatto.

Un bimbo, dietro d'un tin il riparo,
vide il figlio del Marchese morto
e quella masca sparir nel nebbiolo.
Chiamaron il Marchese all'amaro
spettacol ed egli quando l'ebbe scorto
moltissim pianse per quel suo figliolo.

Non più pensava ormai alla masca
il padre orbo del figliol amato
ma a briganti o vendette strane
o ladri che vivevan nella frasca,
quand'arrivò a Castiglion armato
un cavalier da terre ben lontane.

Come lo vide il marchese certo
pensò il figlio di veder fantasma,
vide però che era uomo vero.
"Chi siete con la faccia di un morto?"
"Son vostro figlio, della stessa risma,
non quello morto ma io son Ruggero".

"Figli non ebbi mai con questo nome…"
Si ricordò però in quel momento
di quella masca con la sua minaccia.
Il cavalier la spada sulle chiome
alta levò. Il corpo suo dal mento
con la sua lama staccò e le braccia.

Con magia la strega Ruggero pose
al posto del figlio a governare
e il Marchese pensarono tutti
che nel tin certo qualcun lo uccise,

mentre il corpo vero già scompare
per l'arte della strega tra i flutti.

A tutti diede da ber il nebbiolo,
da quella masca nera incantato,
Ruggero, or Marchese con l'inganno,
e con quel vin stregato del Barolo
nessun capì che uno fu scambiato
col fratellastro più gran già d'un anno.

Sol se n'avvide il bimbo spaventato
che il delitto avea osservato
nascosto dietro profumato tino.
Finché un dì anch'egli dissetato
fu da quel vino tanto prelibato
e cessò d'essere così bambino.

Ora la realtà lieto solo confonde
quando in man regge il suo bicchiere
e più non crede alle fate care
e pensa d'esser ormai troppo grande
per creder che le masche siano vere
o che le ninfe nascan dal gran mare.

*Firenze, 23/05/2007*

## AL MIGLIOR CAVALIERE DEL MONDO

Un cavaliere fiero e potente
con la spada rilucente
guida impetuoso la sua gente.
Egli è forte ed è fiero.
È il miglior del mondo intero.
È il più possente.
Ci farà da comandante.
Il comandante della gente.
Il comandante della Libertà.
Trullalero trullallà.
Contro rossi giganti combatte nudo
con la sua spada e il suo scudo.
È già deciso,
è un impegno preciso:
le nostre città,
sicure renderà.
Draghi e streghe caccerà.
Per tutti pensioni dignitose ci saranno,
i suoi amici e i cavalli
alberghi avranno
dei più ricchi, dei più belli.
Della sua Casa sullo stemma
serpeggia un gran biscione:
sembra un verme ma è un leone,
che combatte con gran flemma
per dare a tutti libertà.
Libertà, libertà
per i ladri e i briganti
per i furbi e i lestofanti
ci sarà.
Ce lo giura il Cavaliere
Lo ripeton le sue schiere

Trullalero trullalà.
Lui è Dio ed è il suo Profeta.
A tutti noi offre la sua meta.
Come Mosè ci conduce
e ci illumina la sua luce.
Gli si ruppero l'acque
ed ecco un sogno nacque:
un Paese Migliore,
che somigli al suo Signore.
Trullalerò trullalà
Viva viva libertà.
Lui è l'untuoso Unto,
lui è il ladro santo.
Lui è Robin Cappuccio:
ruba a tutti per fare il reuccio.
Preso con le mani nel sacco
Non s'arrende per lo smacco
e invoca lesa maestà
reclamando libertà
Trullalero trullalà.

Nota: *questi versi sono una traduzione dal dialetto milanese di un'antica canzone che celebrava il Cavaliere Boimmondo di Gualdracca, barone d'Arbusto, uomo d'arme e crociato.*

Nota alla nota: *non è vero!*

*Firenze, 09/03/2001*

## L'ORRIDA CHAT

Mentre ch'i' rovinava in basso loco,
dinanzi a li occhi una chat orrenda
si parò e il silenzio fece fioco.

Quando vidi costei nella gran landa,
«Miserere di me», gridai a lei,
«qual che tu sii, od ombra od orco certo!».

Rispuosemi: «Non orc'io, m'orco tu sei,
son chat tuonante qual cannon  lombardi,
internet per patria io avrei.

Nacqui in rete, ancor che foste sordi,
e vivo a gloria sotto 'l buon palinsesto
nel tempo de duci falsi e bugiardi.

Poeta fui, e cantai di gran gusto:
nell'udir voce mia venne la troia,
poiché 'l superbo nerbo fu robusto.

Ma tu perché rimani in tanta noia?
perché non entri in dilettosa rete
ch'è principio e cagion di tutta gioia?».

«Or se' tu quella Chat ch'insidia le vite
che spande di parlar sì largo fiume?»,
rispuos'io lei con timorosa fronte.

«O de li altr'utenti terrore e lume
vagliami 'l lungo studio e 'l grande orrore
che m'ha fatto fuggir lo tuo volume.

Tu se' il mio mostro e 'l mio terrore;
tu se' sola colei da cu' tu tolsi
lo compagno mio che m'osasti rapire.

Vedo la bestia per cu' io mi volsi:
sì, sei proprio lei, fumoso seggio,
che tu mi fa tremar le vene e i polsi.

A me convien tenere altro viaggio»,
rispuosi, e a lagrimar mi vide,
«se vo' campar in esto loco selvaggio:

oh brutta bestia, quale io ti vidi.
Non lasci altrui parlar per la sua via,
ma tanto rimbambisci che uccidi;

e hai natura sì malvagia e ria,
che mai non empi la bramosa voglia,
e dopo 'l pasto hai più fame che pria.

Molti son li sventurati cui tu t'ammoglia,
e più saranno ancora, infin ch'un altro
verrà, che ti farà morir con doglia.

*Firenze, 29/03/2002*

*NOTA: Un certo Dante, mi dicono originario di Firenze, si è appropriato di questi miei nobili versi facendone un'indegna parodia nota come "Divina Commedia".*

## A SILVIO

Silvio, rimembri ancora
quel tempo della tua vita mortale,
quan Libertà splendea
nei denti tuoi ridenti e fuggitivi,
e tu, lieto e pensoso, il limitare
del Governo salivi?

Sonavan le quiete
TV, e le vie dintorno,
al tuo perpetuo canto,
allor che all'opr'imprenditoriali intento
sedevi, assai contento
di quel vago avvenir che in mente avevi.
Giunse il maggio odoroso: e tu solevi
così menare il giorno.

Io gli Studi leggiadri
talor lasciando e le truccate carte,
ove del soldo tuo nero,
e di me, si spendea la miglior parte,
d'in su teleschermi del palinsesto bello
porgea gli orecchi al suon della tua voce,
ed al viso feroce
che percorrea l'assonnata folla.
Miravi il futur sereno,
le care dorate casseforti,
e quinci le aziende tue, e quindi le buste.
Lingua mortal non dice
quel che celavi lontano.

Che guadagni soavi,
che speranze, che ori, o Silvio mio!

Quale allor ci apparia
la vita umana e il fato!
Quando sovviemmi di cotanta speme,
un mandato ci preme,
ah foglio ineducato!
E tornami a doler di tua sventura.
Magistratura, magistratura,
perché non rendi poi
quel che prometti allor? Perché di tanto
inganni i figli tuoi?

Tu appena l'urna ben si chiuse in maggio,
da chiaro voto combattuto e vinto,
cadevi, o tenerello. E non vedevi
il fior d'affanni tuoi;
non ti molceva il core
la dolce lode or delle nere schiere,
or degli sguardi appassionati e schiavi;
né a te i compagni al fin restivi
davan la poltrona.

Anche peria tra poco
la speranza mia dolce: agli anni tuoi
anche negaron i fati
la latitanza. Ahi come,
come fregato sei,
caro compagno di società fantasma,
nostra perduta speme!
Questo è quel mondo? Questi
i progetti, l'onor, l'opre, gl'intrallazzi
onde cotanto ragionammo insieme?
Questa la sorte delle furbe genti?
All'apparir del vero
tu, misero, cadesti: e con la mano

la fredda sorte e prigione ignuda
mostravi di lontano.

*NOTA: Versi del celebre poeta lombardo Emilio Fedele Gattopardo, cui si ispirò Giacomo Leopardi scrivendo la lirica "A Silvia"*

*Firenze, 02/05/2001*

## CHE CAVALIERE É MAI QUESTO?

Che Cavaliere è mai questo
Che rifiuta la tenzone
Che propugna l'azione
Ma rifugge ogni contrasto?

Che Cavaliere è mai questo
Che rifiuta il duello
Perché un rosso mantello
Dall'altro indossare ha visto?

Che Cavaliere è mai questo
Che la macchia all'onore
E della truffa l'odore
Non lava al più presto?

Che Cavaliere è mai questo
Che aizza le sue schiere
Le azzurre, le verdi e le nere,
Ma dal giudizio altrui fugge lesto?

Che Cavaliere è mai questo
Che riduce le gabelle
Alle ricche donzelle
Che lo credono giusto?

Che Cavaliere è mai questo
Che il suo volto a tutti regala
e con la sua storia vuol far scuola
ma le magagne nasconde al palinsesto?

*Firenze, 11/05/2001*

## ALICE IN SOFFITTA

Mentre dormo mi risveglio:
una goccia,
tonda e aspra,
mi colpisce il sopracciglio,
giù mi cola sulla faccia.
Una cataratta mi par s'apra
nel soffitto della stanza
e un rumor come di danza,
un calpestar di piedi,
mi fa tremar gli arredi.
Tosto m'alzo
e l'orecchio porgo:
singhiozzar io sento.
Allora scalzo
Nell'amaro lago m'ergo
per sentir quel pianto.
Chi è e chi non è
mi domando.
Poi capisco, non più esitando,
di quell'acqua il perché.
É Alice delle Meraviglie
che è ingrassata oltremodo.
Più non le stanno le sue maglie,
più in vita non stringe il nodo,
più dalla porta lei non passa
per quanto s'è fatta grassa.
Piange allor a dirotto
e mi par pur di sentir qualche rutto.
Vorrebbe fuggir, poveretta,
ma la porta è troppo stretta.
Inchiodata lei rimane, come noi,
in questa casa e in questa vita,

sempre più stretta, ahinoi,
sempre più larga, ahilei
E così la mia storia è finita,
cari miei.

*Firenze, 08/03/2001*

## IL BALLO DI DAVID

David si rotolava tra le strisce pedonali
Se le arrotolava attorno al collo
David nel fango lavava i suoi bicchieri
David brindava con i bicchieri colmi di fango
Brindava alla luna stralunata
David, nonostante strisce e fango
Un fandango libero ballava
Nella sua bolla di nulla
Che volava sempre più lontano
Lontana dal mondo
Lontana dai negozi dispersi
D'un'infanzia mai avuta
Che non può esser comprata
Neanche dal magico rigattiere di sogni
Che vende il domani in bottiglia
David cercava
Cercava l'Isola che non c'è
La cercava nella fanghiglia
La cercava oltre l'ultima stella a sinistra
David cantava
Cantava con voce maldestra
Con note fangose
Goccianti
Sul fondo della bolla
Sul fondo del nulla
Che lo portava via
Che lo portavano via
David ballava
Nel via vai
Nel tran tran
Della tramvia del tramvai.
David correva

Con le strisce pedonali al collo
E come antico cavaliere
Le distendeva per te
Per fare passare te
Dolce donzella
Bella fanciulla
Goccia di stella
Le auto fermavano il loro andare
E ti lasciavano passare
Come biblico mare
David ti sorrideva melmoso
Ma il tuo sguardo non coglieva
I suoi occhi velati
Da strati di mondo rappresi
Vedevi soltanto un mucchio di fango
Che veloce ballava
Ballava un fandango
Non sentivi il suo cuore
Cigolare per te
Cigolare "io piango".
Altera e maestosa
Impossibile sposa
Passavi sulle strisce del collo
Di questa timida zebra gocciante
Luride lacrime laceranti
Laceranti il suo petto
Di ballerino perfetto
Che vola via
Via lontano
Oltre il via vai
Oltre il tran tran
Della tramvia del tranvai.

*Firenze, 17/05/2001*

## CON SEI EURO

Con sei euro posso comprare
Un sogno con effetti hollywoodiani
Un romanzo da tenere nella tasca
Da leggere e sfogliare
Una corsa con dei taxi metropolitani
Un pesce con la lisca
Con sei euro posso pagare
Un pranzo al bar tra gli spintoni
Con un gomito nel costato
E nel piatto spaghetti mare
Nel bicchiere l'acqua dei bottiglioni
Che dal rubinetto non è consigliato.
Con sei euro posso acquistare
Una barbie di plastichetta
Da dare a mia figlia
Che subito la spoglia
E che domani già la butta.
Con sei euro posso avere
Un pappagallo che non parla
Un paio di calze nere
Un CD con la burla
Un aperitivo con la ciliegia
Una pizza con la birra
Qualche cornetto quando albeggia
Un abete senza terra.
Con sei euro ho acquistato
L'illusione di europeo esser chiamato.

*Firenze, 16/09/2001*

## IL SENATORE ALL'INGIÙ

Senatore, senatore
or che hai una poltrona
or ti chiaman senatore,
e ognun piega la schiena.
Persin il vent'ossequioso
fa omaggio ben prezioso.

Persin il vento, signore,
la tua strada stamattina
di fin petali di fiore
ha cosparso di gran lena.
Ed è seric'e prezioso
il gradino scivoloso.

Mentre stai a rimirare
la tua gran bella fortuna,
il tuo piè a scivolare
or comincia per la china
e con tonfo rumoroso
sei finito lung'e steso.

La poltron può aspettare,
ché tu viaggi per la luna,
mentr'il vento a soffiare
ti ricopre ben la schiena
di quel fiore scivoloso
con omaggio irriguardoso.

*Firenze, 30/06/2004*

## PENSIONATO ALFINE

È ricchezza il nostro tempo
La più grande che abbiamo
E ci sfugge in un lampo
E no, non l'accumuliamo
Cassaforte non lo ferma
Materasso non lo calma

Pover il bancar che crede
Il suo fluss'attualizzare
Con il trist-tasso che incede
Sua corsa monetizzare
Tempo non è mai denaro
Non moneta per l'avaro

Non si può davver comprare
Giammai vender lo potremo
Poc'abbiamo da campare
E il temp'or finiremo
Forse, oh me disgraziato,
Pur avendolo sciupato.

Alle spalle rimirando
Dritto nel cuor lo vedremo
Ma davanti, dileguando,
Or davanti lo scorgiamo
Rattamente scomparire
Mentre scioglie le sue spire.

Regaliam ore al sonno
Che compensa dolcemente
Con il dono dell'inganno
Col sognare beatamente

Sogno, sogno vita nuova!
Sogno, sogno che rinnova!

Svendiam ore al lavoro
Ammucchiando vacue cose
Che ci paiono decoro
D'assai piccol amar case
Che per regger tutto dentro
Al vicin ci metton contro.

E ancor rubiamo tempo
Per aver più grandi stanze
Lavoran senza più scampo
E scordate son le danze
Perso il tempo del gioco
E da viver resta poco.

E tu pover pensionato
Pur ti crucci della fine
Del lavoro tuo forzato
Della frusta vuoi le spine
L'orologio chiami mamma
Ed ignori bella flemma.

Non capisci? Non afferri?
Il più ricco non ha meta
Delle or non ha i ferri
Vagabondo nel pianeta
Édi tutti il più ricco.
Sei davver tu il più sciocco.

Ma or hai vinto il premio
Libertà di vagabondo
Pazzo senza manicomio

Liber per il vasto mondo
Dell'orologio e del calendario
Seppur bianco il capello,
Curva la schien'ad ombrello

*Firenze, 30/08/2005*

# FILASTROCCHE

## FILASTROCCA DEL BAMBINO ARGENTATO

State a sentire bambini
Grandi e piccini
La storia del bambino argentato
Che visse un dì in un paese incantato.
C'era una volta una casetta
E c'erano un fulmine e una saetta
In una notte di vento e tempesta
In cui poco c'era da far festa.
Nella casetta c'era un bambino
Seduto al tavolino
Col cucchiaio mangiava miele.
Il suo nome, sapete, era Michele.
Michele non aveva paura
Né della notte scura
Né della tormenta rumorosa
E mangiava senza posa.
Quand'ecco s'aprì una finestra
E apparve tutta lustra
Una strega assai gobbuta
Che vicino a lui si mise seduta
E tirata fuori dal sacco una mela
L'offrì sfregandola sulla tela
A quel lieto fanciullo
Che tosto s'appisolò tranquillo
E quando il gallo al mattino cantò
E Michele si destò
Tutto d'argento lui ormai era
E non rosa come la sera.
Rimirandosi allo specchio

Disse il bimbo: "cacchio!
Ero rosa e son d'argento.
Come si spiega cotal portento?"
La strega allor che era lì restata,
Facendogli picchiar una testata
Per la sorpresa di sentirla,
Gli disse negli occhi di guardarla.
Michele la guardò con orecchio attento
Ed ella gli spiegò bene tutto quanto.
"D'argento sei e resterai
finché una bimba d'oro troverai".
Michele allora con la valigia
Partì con lunga faccia mogia.
Giunse fin nella lontana Uganda
Ma non risolse la faccenda
Che solo facce nere
Vide tutte le mattine e pur le sere.
Prese un treno allor fino in Svezia
Ma non lì trovò lieta notizia.
Attraversò l'Oceano con la nave
Ma del problema suo la chiave
In America non trovò niente affatto,
Allora corse ratto
Nella terra dei canguri
Ma anche lì i bimbi erano scuri.
Con l'aereo volò in Cina
E finalmente una bambina
Lui vide con la pelle come oro
- inestimabile tesoro.
L'abbracciò stretta stretta
E gridò: "Ce l'ho fatta!"
La pelle gli tornò così come un tempo
Ma il suo cuore in un lampo
Di molto era cresciuto,

Perché in quel viaggio aveva imparato
Molte cose del suo mondo
E ora un grandissimo girotondo
Con i bimbi d'ogni colore
Sempre gira nel suo cuore.

*Firenze, 12/04/02*

## IL GIROTONDO DEI BAMBINI DEL MONDO

Lo scorso mese
Nel mio piccolo paese
Di lontano un fanciullo
È giunto tutto giallo
Nel corpo e nel viso
E m'ha insegnato il riso
A mangiar con le bacchette
E con la carta barchette,
Fiori e farfalle abbiam costruito
E assieme abbiam giocato.

La scorsa settimana
E' arrivata una bambina.
Sulla testa ha mille trecce,
I suoi occhi di neve paion gocce
sulla pelle sua come notte scura.
M'ha insegnato a nuotar senza paura
E cesti di foglie a intrecciare
Per poi nell'acqua farli navigare.
Qualcuno la chiamava negra
Ma sempre il suo sorriso mi rallegra.

Ieri un piccoletto biondo come il sole
Che parlava con strane parole
É venuto da settentrione
E con uno strano pallone
M'ha insegnato a giocare
E con lui a cantare.
M'ha narrato fiabe antiche
E come gli son amiche
M'ha mostrato
Le bestiole del prato.

Un'ora fa due zingarelli
Né brutti né belli
C'hanno visto giocare
E piano piano si son voluti avvicinare.
C'hanno chiesto "che fate?"
Gli abbiamo detto "giocate
Giocate con noi nel sole"
Senza aggiungere parole
Son giunti contenti
E assiem or giochiamo tutti quanti.

Con tutti loro
Ho cantato in coro
E assieme un girotondo,
Il girotondo dei bimbi del mondo,
Abbiam ballato
Battendo i piedi sul selciato
E tenendoci per mano,
Perché nessun di noi lontano
Se ne vada più
Ma assieme si resti a tu per tu.

*Firenze, 22/04/02*

## IL MONDO DI BINDI BONDO

Quanti mondi posso avere?
Quanti mondi Bindi Bondo?
Quanti mondi dimmi tu?
Questo è quel che vorrei sapere
Vorrei sapere del mio mondo
Questo mi devi dire tu.

Dimmi Bindi Bondo quanti n'avrò di mondi
Perché questo mio mondo muore
Perché questo mio mondo affoga.
Quanti ne posso aver di questi mondi
Se il mio lo brucia il calore
Se il mio lo affonda la gran foga.

Oh Bindi Bondo trai mondi questo mondo
Il più bello pare, tondo e azzurro,
Pieno di fiori, prati e animali.
Dimmi allor perché lo stanno ammazzando?
Dimmi perché lo stan fondendo come burro?
Perché lo sporcan come maiali?

Oh Bindi Bondo il nostro girotondo
Dove faremo più?
Dove giocheremo e canteremo?
Se lo stanno cementando
E lo stanno buttando giù
Dove ce ne andremo?

Oh Bindi Bondo dove un mondo
Come questo mondo troveremo
Tra mille mondi lontani e tondi?
C'andremo forse volando

E l'universo attraverseremo
Su astronavi veloci e grandi?

Qui vogliamo stare
Qui vogliam restare
Questo mondo vogliam salvare
Quest'aria ancor vogliam respirare
Quest'acqua ancor vogliam sorseggiare
Questi prati sognam attraversare.

*Firenze, 15/05/07*

## L'AUTORE

### Carlo Menzinger di Preussenthal

**Carlo Menzinger**, nasce a Roma il 3 gennaio 1964 e lì, dopo la maturità classica, si laurea in Economia e Commercio. Nel 1991 si trasferisce per la prima volta a Firenze, dove comincia a lavorare nel marketing per la Banca Monte dei Paschi di Siena. Dopo un paio d'anni si sposta per lavoro in nord Italia dove svolge in varie regioni attività commerciale per la banca. Si sposa a Firenze nel 1994. Rientrato in Toscana, lavora per alcuni anni a Siena, prima seguendo i rapporti con i grandi gruppi industriali, poi con le banche estere e le Regioni. Nel 1997 nasce sua figlia. Nel 1998 diventa funzionario e nel 2001 ritorna a lavorare a Firenze nel marketing presso l'allora Mediocredito Toscano, divenuto poi MPS Capital Services, occupandosi successivamente di analisi di mercato e, dal 2004, di finanza strutturata, in particolare, acquisition financing e, ora, soprattutto, project financing, divenendo responsabile del Settore Portafoglio Project.

Nel 1989 pubblica la raccolta di poesie "**Viaggio intorno allo Specchio**". Nel 2001 dà alle stampe il primo romanzo ucronico "**Il Colombo divergente**", cui seguirà nel 2007 "**Giovanna e l'Angelo**". Con entrambi affronta le possibilità della storia alternativa con uno sguardo introspettivo su personaggi come Cristoforo Colombo e Giovanna D'Arco, reso anche grazie a un'insolita scrittura in seconda persona, che a volte si fa quasi poetica e altre volte sfiora toni epici.

Deciso a diffondere il genere letterario ucronico, riunisce attorno a sé un gruppo di diciotto autori, che con il nome "Il Dottor Menzinger e gli Ucronici" pubblicano la raccolta "**Ucronie per il Terzo Millennio**".

Nel tentativo di ricercare una scrittura più semplice e diretta e di aprire l'ucronia a un pubblico più giovane, inizia a scrivere il ciclo di romanzi per ragazzi "**I Guardiani dell'Ucronia**", pubblicando nel 2010 il primo volume "**Jacopo Flammer e il Popolo delle Amigdale**", illustrato da Niccolò Pizzorno e Ludwig Brunetti.

Sempre con l'intento di raggiungere uno stile più lineare e diretto, nel 2007 pubblica il veloce *psyco-thriller* "**Ansia assassina**".

Alla ricerca di una scrittura multimediale, realizza nel 2010 il romanzo collettivo "**Il Settimo Plenilunio**", che inserisce il romanzo gotico in un'ambientazione fantascientifica, trasformandolo in quella che definisce una *gallery novel*: riunisce accanto ai tre autori (Carlo Menzinger, Simonetta Bumbi e Sergio Calamandrei) diciassette artisti, tra fotografi, pittori e illustratori, che realizzeranno una vera e propria galleria di 117 illustrazioni per il romanzo.

In precedenza aveva già affrontato la scrittura collettiva con il volume "**Parole nel Web**", edito nel 2007, che raccoglie tre suoi lavori scritti a quattro mani, la storia surreale "**Se sarà maschio lo chiameremo Aida**" (scritto con Andrea Didato), l'e-tragicommedia d'amore "**Cybernetic Love**" (scritta con Simonetta Bumbi), in cui si prende gioco dell'uso eccessivo di termini inglesi, e il racconto di un amore rubato "**Lei si sveglierà**" (scritto con Sergio Calamandrei).

Con il romanzo "**La Bambina dei Sogni**" torna al romanzo d'ambientazione contemporanea, affrontando in un romanzo

paranormale il tema del potere del sogno. Sottopone il libro prima della pubblicazione a decine di lettori per una revisione critica complessiva, in un processo di correzione e aggiustamento che l'autore ha definito *web-edting*, in quanto svoltosi pubblicamente in internet. Offre quindi il romanzo in rete per una libera fruizione, secondo le regole del *copyleft*, completando il superamento dei tradizionali rapporti tra autore ed editore già avviato con la fase di *web-editing*.
Con "**Jacopo Flammer nella Terra dei Suricati**", secondo volume della serie "**I Guardiani dell'Ucronia**", Carlo Menzinger nel 2013 non solo ripete le esperienze del *web-editing* e del *copyleft* già sperimentate con "**La Bambina dei Sogni**", ma realizza di nuovo una *gallery novel*, come già aveva fatto con "**Il Settimo Plenilunio**", riunendo nel volume le illustrazioni non più di due soli artisti, come in "**Jacopo Flammer e il Popolo delle Amigdale**", ma di 13 disegnatori.

Sebbene trovi la sua dimensione narrativa soprattutto nel romanzo, ha pubblicato anche le antologie di versi "**Il Terzultimo Pianeta**", "**Rossi di sangue sono dell'uomo l'alba e il tramonto**", "**Schiavi Part-Time**", "**Spada di Inchiostro**", "**Sangue blues**" e "**Rimando rido**" che seguono, dopo vari anni, la già citata silloge "**Viaggio intorno allo specchio**" e vogliono essere, nel loro insieme, una sorta di opera omnia della produzione poetica del trentennio che va dal 1983 al 2013.
Carlo Menzinger ha, infine, pubblicato vari racconti, poesie e altro in antologie, riviste e siti internet. Recentemente, in particolare, ha collaborato a vari numeri della rivista "IF – Insolito & Fantastico".

La maggior parte dei suoi lavori sono editi da Liberodiscrivere (www.liberodiscrivere.it), ma recentemente si è convertito all'autopubblicazione mediante Lulu e Ilmiolibro.

Il suo sito internet è www.menzinger.too.it.
Il suo nuovo blog è http://carlomenzinger.wordpress.com/.

## Cronologia pubblicazioni

| | |
|---|---|
| 1989: | Premio Ala della Vittoria con la raccolta personale di poesie "Viaggio intorno allo specchio", Edizioni Gabrieli. |
| 1999-2007 | Pubblicazione di racconti e poesie in internet (vedi il sito personale di scrittura www.scrivo.too.it) su Liberodiscrivere, Scrittura Fresca, SF2, Non Solo Parole, Il Denaro, Eptafuso, L'Isola del Tesoro, Yourwriters, Parole di Donna, Poeti & Poesie, Liberosesso, Scrivi.com, Bookcafé, Sannio Press, Immagini e Poesie, Divinoscrivere, Ucronia.<br>Pubblicazione di articoli su Filo Diretto, MPS News, Toscana Affari, La Nazione e altri periodici e sui siti www.mpsmerchant.it, www.mps.it, www.portalegruppomps.it. |
| Ottobre 2001 | Pubblicazione del romanzo "**IL COLOMBO DIVERGENTE**" – Edizioni Liberodiscrivere. |
| Novembre 2001 | Partecipazione con la lirica "Poeta pallido sulle scale" alla raccolta di poesie "E il naufragar m'è dolce in questa radio" - Ed. Giuseppe Aletti. |
| Marzo 2002 | Partecipazione con cinque haiku alla"Antologia del premio letterario I fiori 2001- Poesia" (Ed. I fiori di Campo). |
| Aprile 2002 | Partecipazione con il racconto "Scrivania" alla "Antologia del premio letterario I fiori 2001 - Narrativa" (Ed. I Fiori di Campo). |
| Giugno 2002 | Partecipazione con cinque liriche all'antologia "La poesia vola sulla rete" – Edizioni Liberodiscrivere. |
| Luglio 2002 | Il saggio "Gli interventi di Private Equity delle finanziarie regionali per lo sviluppo" esce nel Rapporto MET 2001 dal titolo "Le politiche per le attività produttive - Le Regioni e i nuovi strumenti", presentato al pubblico già a maggio in un Convegno che ha visto l'intervento di personalità politiche del Governo, dell'Unione Europea, delle Regioni, dell'Università e dei Centri di Ricerca. |
| Novembre 2002 | Partecipazione con il racconto "Lo spacciatore" all'antologia "Quindici Voci" – Edizioni Liberodiscrivere. |
| Dicembre 2002 | Partecipazione con il racconto "La poltrona" all'antologia "Racconti 2002" – Edizioni Liberodiscrivere. |
| Dicembre 2003 | Autore (anonimo) del calendario 2004 di MPS Merchant che raccoglie 12 haiku (e altrettanti slogan) a commento di altrettante foto di mare. |

| | |
|---|---|
| Giugno 2004 | Partecipazione con la recensione a "La Guerra dei Castori e dei Salmoni" alla raccolta di Banchina – Circolo Liberodiscrivere di Genova "Pietra su Pietra" – Edizioni Liberodiscrivere |
| Gennaio 2007 | Pubblicazione del romanzo "**ANSIA ASSASSINA**" – Edizioni Liberodiscrivere. |
| Gennaio 2007 | Pubblicazione del romanzo "**GIOVANNA E L'ANGELO**" – Edizioni Liberodiscrivere. |
| Febbraio 2007 | Partecipazione al volume del Circolo Banchina di Liberodiscrivere "Lo specchio" con il racconto "Senza specchio". |
| Giugno 2007 | Pubblicazione del volume "**PAROLE NEL WEB**" – Edizioni Liberodiscrivere – che contiene esclusivamente suoi scritti a quattro mani, cioè il romanzo "Se sarà maschio lo chiameremo Aida", scritto con Andrea Didato, la storia in versi "Cybernetic Love" scritta con Simonetta Bumbi e il racconto "Lei si sveglierà" scritto con Sergio Calamandrei. |
| Ottobre 2007 | Seconda edizione del romanzo ucronico "**IL COLOMBO DIVERGENTE**" – Edizioni Liberodiscrivere. |
| Novembre 2007 | Pubblicazione dell'antologia di racconti "**UCRONIE PER IL TERZO MILLENNIO – Allostoria dell'umanità da Adamo a Berlusconi**" – Edizioni Liberodiscrivere – una raccolta curata da Carlo Menzinger, che riunisce 18 autori e 46 racconti ucronici, di cui alcuni del curatore stesso ("Genesi", "Oltre il rogo", "La Dama di Corchiano", "Terra!", "La scuola nuova", "Il pittore di Branau", "Il governatore della Tripolitania", "La regina del Belgio", "Notte prima degli esami", "Il Berlusconi divergente"). |
| Febbraio 2010 | Pubblicazione del romanzo "**IL SETTIMO PLENILUNIO**" – Edizioni Liberodiscrivere – scritto assieme a Simonetta Bumbi, con la collaborazione di Sergio Calamandrei e illustrato da diciassette artisti. |
| Marzo 2010 | Partecipazione con il racconto "Il pittore di Branau" e con un articolo sull'ucronia al n. 3 della rivista Insolito & Fantastico dal titolo "Ucronia" – Edizioni Tabula Fati. |
| Novembre 2010 | Partecipazione con l'articolo "Perché scrivere di vampiri e licantropi nel terzo millennio" al n. 5 della rivista Insolito & Fantastico dal titolo "Vampiri" – Edizioni Tabula Fati. |

| | |
|---|---|
| Novembre 2010 | Pubblicazione del romanzo "**JACOPO FLAMMER E IL POPOLO DELLE AMIGDALE**" – Edizioni Liberodiscrivere. |
| Gennaio 2011 | Partecipazione con l'articolo "I dinosauri sono ancora tra noi" al n. 6 della rivista Insolito & Fantastico dal titolo "Vampiri" – Edizioni Tabula Fati. |
| Luglio 2011 | Partecipazione con la recensione de "Il Vampiro" di Franco Mistrali al n. 7 della rivista Insolito & Fantastico dal titolo "Vampiri" – Edizioni Tabula Fati. |
| Agosto 2011: | Sulla rivista on-line WIF esce il racconto "Vita Nova". |
| Febbraio 2012: | Pubblicazione in ebook e su carta con Lulu del romanzo **"LA BAMBINA DEI SOGNI"**. |
| Marzo 2012: | Pubblicazione della recensione a "Stella Meravigliosa" di Yukio Mishima sulla rivista IF - Insolito & Fantastico (n. 9 - Alieni). |
| Maggio 2012: | Pubblicazione della recensione a "La Strada" di Cormac McCarthy sulla rivista IF - Insolito & Fantastico (n. 10 - Apocalisse). |
| Luglio 2012 | Pubblicazione con Ilmiolibro (La Repubblica) del romanzo "**LA BAMBINA DEI SOGNI**" (seconda edizione dopo quella con Lulu). |
| Marzo 2013 | Pubblicazione della silloge "**IL TERZULTIMO PIANETA**" – Edizioni Lulu e e-book in copyleft. |
| Maggio 2013 | Pubblicazione della raccolta di haiku "**ROSSI DI SANGUE SONO DELL'UOMO L'ALBA E IL TRAMONTO**" – Edizioni Lulu e e-book in copyleft. |
| Luglio 2013 | Pubblicazione del romanzo fantascientifico "**JACOPO FLAMMER NELLA TERRA DEI SURICATI**", illustrato da 13 disegnatori. |
| Agosto 2013 | Nuova versione completamente rinnovata de "LA BAMBINA DEI SOGNI" (Lulu + e-book). |
| Agosto 2013 | Pubblicazione della silloge "**SCHIAVI PART-TIME**" – Edizioni Lulu e e-book in copyleft. |
| Settembre 2013 | Pubblicazione della silloge "**SPADA DI INCHIOSTRO**" – Edizioni Lulu e e-book in copyleft. |
| Novembre 2013 | Pubblicazione della silloge "**SANGUE BLUES**" – Edizioni Lulu e e-book in copyleft. |
| Novembre 2013 | Pubblicazione della silloge "**RIMANDO RIDO**" – Edizioni Lulu e e-book in copyleft. |

**SANGUE BLUES**
**Trenta anni di poesie di Carlo Menzinger**

In questo viaggio attraverso poesie che spesso sono quasi dei piccoli racconti e ci mostrano il nascere, il crescere e il morire dell'amore e l'esplosione di mille altri sentimenti, siamo accompagnati da numerosi personaggi, quali la Bambina Senza Blues, la Donna Senza Sembianze e Aspetto, la Ragazza Nella Mano, Narciso, i Cybernetic Lovers, l'A-mantide Guerriera, la Scimmia Antica, l'Ombra, l'Uomo delle Scatole, il Dio sfrattato e il Dio Bambino.

Questo è il quinto dei volumetti che raccolgono alcuni versi scritti negli ultimi trent'anni (dalla fine del Liceo a oggi), tra il 1983 e il 2013.

Edizioni Lulu - www.lulu.com
L'e-book è scaricabile gratuitamente su www.menzinger.too.it

## SPADA DI INCHIOSTRO
## Trenta anni di poesie di Carlo Menzinger

Il Poeta Pallido è un cavaliere solitario che spara gocce d'inchiostro.

Il Cavaliere del Vento assalta il mondo decadente con fendenti della penna e guida l'esercito degli Scrittori Emergenti, esortandoli a emergere dai loro nascondigli virtuali.

Queste e altre immagini in una raccolta di versi incentrata sul rapporto con la scrittura, attività ludica più che mestiere, grido d'orgoglio più che lamentazione, gioia più che dolore, energia vibrante più che commiserazione.

Questo è il quarto dei volumetti che raccolgono alcuni versi scritti negli ultimi trent'anni (dalla fine del Liceo a oggi), tra il 1983 e il 2013.

Edizioni Lulu - www.lulu.com
L'e-book è scaricabile gratuitamente su www.menzinger.too.it

**SCHIAVI PART-TIME**
**Trenta anni di poesie di Carlo Menzinger**

Otto ore dormiamo. Otto ore (almeno) lavoriamo. Otto ore ci restano per mangiare, curare i nostri corpi cadenti, le nostre famiglie e le nostre case, aggiornarci, incontrare gli amici, vivere. Non siamo schiavi, ma il nostro tempo è ipotecato, il nostro futuro tracciato. Lo spazio per noi stessi limitato. Ci crediamo liberi, ma la maggior parte del nostro tempo appartiene ad altri. Quello che ci rimane, lo viviamo in giungle d'asfalto, tra predoni consumistici.
Siamo schiavi part-time.
"Schiavi Part-Time" parla del nostro tempo, con le sue storture e prevaricazioni. Viviamo tutti come schiavi part-time e il tempo non ci appartiene.

Questo è il terzo dei volumetti che raccolgono alcuni versi scritti negli ultimi trent'anni (dalla fine del Liceo a oggi), tra il 1983 e il 2013.

Edizioni Lulu - www.lulu.com
L'e-book è scaricabile gratuitamente su www.menzinger.too.it

## ROSSI DI SANGUE
## SONO DELL'UOMO L'ALBA
## E IL TRAMONTO
### Haiku o quasi.
### Trenta anni di poesie di Carlo Menzinger

Il volume raccoglie vari haiku. Un haiku è un brevissimo ma intensissimo componimento poetico giapponese formato da tre versi di complessive 17 sillabe. Di norma fa riferimento a una delle quattro stagioni dell'anno o, talora, a una parte del giorno. Un haiku è anche un kata, cioè una via misteriosa (yugen), attraverso i momenti senza calcolo della vita.

Quattro sono i suoi elementi fondamentali: sabi (quieta, intensa solitudine), wabi (il profondo senso dell'essere nei gesti più modesti), mono no aware (nostalgia per la transitorietà del tempo) e yugen (mistero ineffabile).

L'haiku coglie nell'immediatezza dell'attimo la profonda percezione della vita.

*"In questo volume, ho avuto l'assurda presunzione di tentare di scrivere qualcosa che potesse in qualche modo, almeno lontanamente, ricordare la perfezione di un haiku."*
*(Carlo Menzinger)*

Questo è il secondo dei volumetti che raccolgono alcuni versi scritti negli ultimi trent'anni (dalla fine del Liceo a oggi), tra il 1983 e il 2013.

Edizioni Lulu - www.lulu.com
L'e-book è scaricabile gratuitamente su www.menzinger.too.it

## IL TERZULTIMO PIANETA
## Trenta anni di poesie di Carlo Menzinger

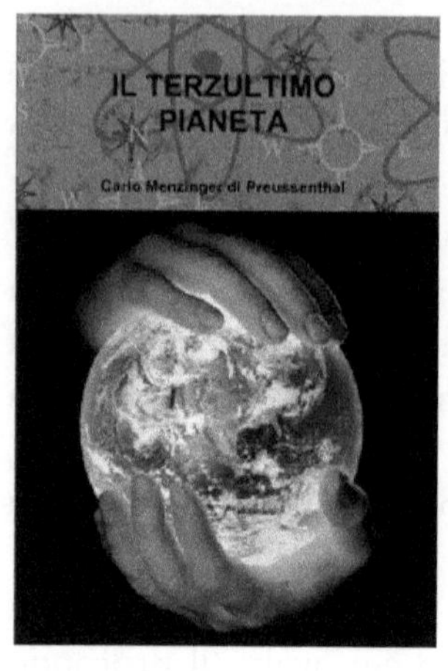


Su un pianeta morente, sospeso tra Genesi e Apocalisse, sono protagonisti il Dio Bambino, il Bambino Senza Nome, il Genius Loci, Adamo, Eva, Ulisse e il Fantastico Fante Farneticante, mentre lucertole, zanzare, uccelli e altri animali attendono la fine dell'uomo per prendere il sopravvento.
Il Terzultimo Pianeta andando verso il Sole è l'unica e ultima opportunità per un'umanità suicida, che ne succhia l'energia vitale come un virus.
Carlo Menzinger scrive del Terzultimo Pianeta, della Vita, della Morte e dell'Illusione di Dio, in versi, ora rabbiosi, ora ironici, ora rassegnati.

Questo è il primo di una serie di volumi in cui l'autore sta raccogliendo, divisi per tema, i versi scritti negli ultimi trent'anni.

Edizioni Lulu - www.lulu.com
L'e-book è scaricabile gratuitamente su www.menzinger.too.it

**LA BAMBINA DEI SOGNI**
**Uno psycho-thriller**

La tranquilla vita di un padre di famiglia è turbata dall'incontro in metropolitana con Elena, una piccola orfana di quattro anni, che si lega a lui al punto di convincerlo di prenderla in affido.
Le notti di Paolo e della sua famiglia saranno turbate da sogni sempre più strani, che si muteranno progressivamente in veri incubi. Il sospetto che la bambina abbia il potere paranormale di manipolare i sogni altrui assale Paolo. Alcuni incidenti mortali lo portano a temere la bambina e ad allontanarla.
Nel farlo, Paolo parte alla ricerca del padre di Elena, scontrandosi con un misterioso individuo dal comportamento inquietante.

Sulle ansie di una famiglia alle prese con l'adozione di una bambina, si innesca una riflessione sui poteri del sogno e della mente, sui confini tra realtà, mondo onirico e immaginazione letteraria, portando la storia, in un crescendo di angoscia, a esplorare i confini dell'incubo e della follia e lasciando, alla fine, poco spazio per risposte razionali che non si basino su un'accettazione del paranormale.

Edizioni Lulu - www.lulu.com
L'e-book è scaricabile gratuitamente su www.menzinger.too.it

**JACOPO FLAMMER NELLA TERRA DEI SURICATI**
**Il secondo episodio della serie "I Guardiani dell'Ucronia" e la seconda "gallery novel" curata da Carlo Menzinger**

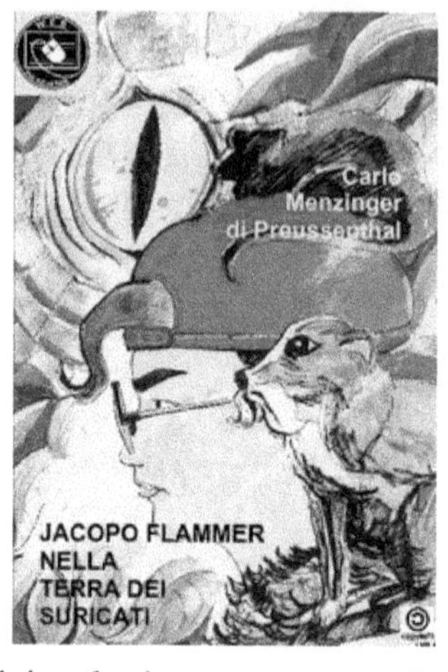


Jacopo Flammer e i suoi amici sono imprigionati in un universo divergente in cui gli uomini vivono come scimmie e le civiltà delle lontre e dei suricati si fanno la guerra. Mentre cercano di aiutare i suricati a liberare il popolo dei castori dalla schiavitù inflitta loro dalle lontre, i tre ragazzini vengono raggiunti e inseguiti dai mostruosi discendenti dei velociraptor, provenienti da un altro tempo ucronico in cui non si sono estinti.

Una nuova incredibile avventura attraverso il tempo e l'ucronia aspetta i tre piccoli eroi dopo quella narrata in "Jacopo Flammer e il Popolo delle Amigdale".

Il volume è illustrato con 43 immagini realizzate da 13 illustratori: Fabio Balboni, Raffaella Bertolini, Camilla Bianchi, Liliana Capraro, Cinzia Damonte, Guido De Marchi, Giuseppe Di Bernardo, Divaz, Roberta Losito, Alessio Pilia, Antonio Morgia, Niccolò Pizzorno ed Evelyn Storm.

Edizioni Lulu - www.lulu.com
L'e-book è scaricabile gratuitamente su www.menzinger.too.it

# JACOPO FLAMMER E IL POPOLO DELLE AMIGDALE
## Il primo episodio della serie "I Guardiani dell'Ucronia"

Jacopo Flammer sta per partire per un avventuroso viaggio nel tempo in una preistoria ucronica dai mille pericoli. Che cosa può succedere a un bambino di nove anni che se ne va in vacanza con il nonno nella preistoria? Come può essere che Jacopo ed Elisa abbiano la stessa età ma siano nati uno nel 1997 e l'altra nel 1964?

Chi sono gli esseri mostruosi che hanno attaccato il Popolo delle Amigdale e separato Jacopo Flammer e i suoi amici dai loro nonni?

Il segreto si cela nell'antichissima Porta del Tempo costruita da misteriosi esseri sopravvissuti da epoche antichissime. A proteggere Jacopo ci sono i Guardiani dell'Ucronia, strane creature provenienti da mondi in cui l'evoluzione non ha premiato l'uomo, ma altri animali.

Saranno sufficienti l'insolito coraggio e il nuovo potere di Jacopo per affrontare il feroce Gruhum, lasciare la preistoria e tornare a casa?

Il volume è illustrato da Niccolò Pizzorno e Ludwig Brunetti.

## IL COLOMBO DIVERGENTE
### La prima ucronia di Carlo Menzinger

Come saremmo oggi se Cristoforo Colombo non avesse fatto ritorno vincitore dal suo viaggio alla ricerca delle Indie? Come sarebbe stata la storia del navigatore ligure, se si fosse scontrato con gli Aztechi? Questo romanzo ucronico offre una risposta a queste domande e a molte altre: chi era veramente Colombo? Da dove veniva? Cercava veramente le Indie? Chi c'era dietro di lui? I banchieri ebrei? I Cavalieri di Cristo?
Ne esce fuori un ritratto inedito di Colombo. Il ritratto di un uomo ostinato e caparbio anche nella sconfitta. Il ritratto di un uomo dalle molte donne ma da un solo amore: il mare. Il ritratto di un uomo pronto a sacrificare tutto per un progetto.
Il romanzo, ricco di giochi verbali, può essere letto come un libro di viaggio e avventura ma anche come riflessione sulla vita e sul destino o come esplorazione di civiltà lontane, ucronicamente ravvicinate in un mondo anticipatamente globalizzato in cui Spagnoli, Aztechi e Berberi si muovono uno accanto all'altro.
Nel 2007 è uscita una **nuova edizione** riveduta, corretta e aggiornata con varie note.

Edizioni Liberodiscrivere – www.liberodiscrivere.it

## GIOVANNA E L'ANGELO
## La seconda ucronia di Carlo Menzinger

La storia di Giovanna d'Arco vista attraverso gli occhi di un angelo ateo.
La storia sognata di Giovanna d'Arco che sopravvive al rogo. Una vita ucronicamente reinventata.
Le misteriose trasformazioni della Pulzella d'Orléans da pastorella, a eroina, a comandante d'eserciti, a guida della Francia.
I tormenti di un angelo che non ha nessun contatto, oltre Giovanna d'Arco, né con il mondo terreno, né con quello celeste.
L'oscura figura di Barbablù, il Maresciallo Gilles de Rais, condottiero e maniaco sessuale. Le ambizioni di Charles de Valois, il *bel delfino*. Le passioni, le trasformazioni e la follia del re bambino che governa Francia e Inghilterra. Battaglie, assedi, processi dell'Inquisizione. Roghi di streghe ed eretici.
Questo e molto altro in questo romanzo di Carlo Menzinger che, come "Il Colombo divergente" descrive una storia alternativa a quella reale.

Edizioni Liberodiscrivere – www.liberodiscrivere.it

## ANSIA ASSASSINA
## Un insolito psyco-thriller firmato da Carlo Menzinger

"**Ansia assassina**" narra una veloce sequenza di incidenti la cui casualità è solo apparente. É un romanzo immediato, in cui sfortunati e drammatici eventi travolgono la vita di alcune famiglie, legate tra loro: un'inspiegabile serie di coincidenze fatali, in cui i carabinieri che indagano si perdono e nel cui meccanismo vengono coinvolti e trascinati loro malgrado.

Il protagonista è una ragazzo, che tutti cercano ma che nessuno riesce a trovare, mentre l'ansia cresce e diviene…letale.

Il romanzo si snoda passando da un personaggio all'altro ma ruotando sempre attorno alla figura assente del protagonista.

In "**Ansia assassina**" Carlo Menzinger descrive un mondo dove le macchine sono causa di morte, dove l'ansia travolge la vita, dove telefoni e cellulari sono veicoli di mancata comunicazione o di informazioni imprecise generatrici d'angoscia.

Dopo un'inverosimile serie di decessi, si arriva al capitolo finale per scoprire la causa scatenante di tutto ciò e sarà difficile non restare sorpresi per la trovata surreale che chiude la storia.

Edizioni Liberodiscrivere – www.liberodiscrivere.it

**PAROLE NEL WEB**
**Tre storie scritte a quattro mani da Menzinger, Bumbi, Calamandrei e Didato.**

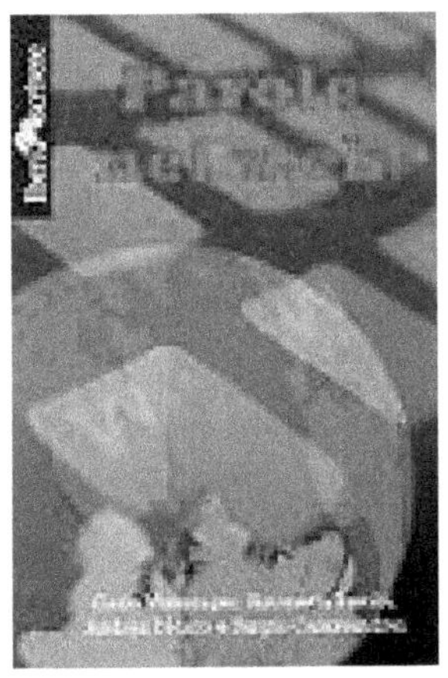

Tre storie scritte nel web. Tre storie scritte per e-mail da tre coppie d'autori.
"**Lei si sveglierà**", scritto da Sergio Calamandrei e Carlo Menzinger, è il racconto di un amore rubato.
"**Se sarà maschio lo chiameremo Aida**", scritto da Carlo Menzinger e Andrea Didato, è il romanzo d'amore di un ragazzo e una ragazza l'uno per l'altra e di entrambi per la musica lirica. Un amore che li porterà a costruire un teatro tra le nevi di un'altissima montagna.
Una storia irreale, ambientata su un'inesistente vetta alpina del sud Italia, tra tormente di neve e tormenti d'amore.
"**Cybernetic love**" di Simonetta Bumbi e Carlo Menzinger, è la storia di un tragico triangolo nato nel web, attraverso una chat. È una storia in versi, scritta usando un linguaggio informatico e anglofono e parafrasando i classici della letteratura.
Una moderna e-tragicommedia d'amore.

Edizioni Liberodiscrivere – www.liberodiscrivere.it

## UCRONIE PER IL TERZO MILLENNIO
### Allostoria dell'umanità da Adamo a Berlusconi

**"Ucronie per il terzo millennio"** è una raccolta di allostorie, ovvero di racconti in cui si descrivono i *se* della Storia.Come sarebbe il mondo se Dio non avesse creato Adamo? E se a comandare fossero le donne? E se Hitler avesse fatto il pittore o Berlusconi il cantante? Questa curiosa antologia di racconti ucronici, curati (*ma non guariti*) da Carlo Menzinger, offre una scoppiettante carrellata di allostorie, nelle quali i 18 autori (*Il Dott. Menzinger e gli ucronici*) si divertono a raccontarci che il mondo potrebbe anche essere diverso da come è oggi, che Nerone avrebbe potuto fare il gladiatore e Miller l'agente segreto, Washington ritirarsi in campagna, Freud studiare le pecore, Garibaldi consegnare l'Italia al papa e Madre Teresa andare a fare shopping a Beverly Hills.
L'invito è a vivere in questo strano mondo, né migliore né peggiore del nostro, ma certo diverso, ricordandoci sempre che il nostro futuro non è immutabile e spetta a noi disegnarlo, perché **ciascuno di noi può modificare la Storia. Almeno in un racconto.***L'ucronia è la Storia sognata da noi.*

Edizioni Liberodiscrivere – www.liberodiscrivere.it

## IL SETTIMO PLENILUNIO
## La prima gallery novel curata da Carlo Menzinger

*"Si avvicina la battaglia finale della guerra millenaria tra licantropi e vampiri. Che cosa sarà del mondo dopo il Settimo Plenilunio? Potrà l'amore di una donna per un vampiro e per un licantropo spezzare per sempre l'antichissima maledizione che condanna queste due razze alle tenebre e al sangue?"*

"**Il Settimo Plenilunio**" è una storia gotica con vampiri e licantropi e ambientazione fantascientifica, scritta da tre autori (Menzinger, Bumbi e Calamandrei) e illustrata, con oltre cento immagini, da diciassette artisti.

"**Il Settimo Plenilunio**" è una *Gallery novel*, un romanzo che è anche una galleria di immagini.

Gli illustratori, tutti bravissimi, sono Raffaele Addivinelo, Fabio Balboni, Massimo Bernardi, Angelo Condello, Guido De Marchi, Arturo Di Grazia, Daniela Divano, Alessandro Fantini, Laura Fazio, Marco Ferrara, Alessandro Giovagnoli, Alessia Grassi, Giuseppe Iannolo, Elena Masia, Luca Oleastri, Silvia Perosino, Niccolò Pizzorno.

Niccolò Pizzorno che ha realizzato il maggior numero di immagini del volume, è anche uno dei due illustratori di "Jacopo Flammer e il Popolo delle Amigdale".

Edizioni Liberodiscrivere – www.liberodiscrivere.it

## INDICE



ISBN 978-1-291-63663-5

www.ingramcontent.com/pod-product-compliance
Ingram Content Group UK Ltd.
Pitfield, Milton Keynes, MK11 3LW, UK
UKHW020239250726
13967UKWH00001B/459

9 781291 636635